Género Texto argumentativo

Pregunta esencial

¿Cómo nos ayudan los monumentos a entender la historia de nuestro país?

PRESERVAR UN lugar especial

Introducción 2

Capítulo 1
Visitas al parque nacional 4

Capítulo 2
Peligros para la vida silvestre 8

Capítulo 3
Búsqueda de soluciones 12

Conclusión 14

Respuesta a la lectura 15

LECTURA COMPLEMENTARIA El Arco Gateway 16

Glosario/Índice 19

Enfoque: Estudios Sociales 20

Introducción

Costa Nacional Isla del Padre es una costa nacional protegida en el sur de Texas. El parque es una **isla barrera** de 70 millas de largo. El parque está protegido por el Servicio de Parques Nacionales. También se ocupa de otros monumentos de Estados Unidos. Existen reglas para proteger a las plantas y a los animales de la isla. Pero la isla también es un lugar popular de vacaciones. Estas reglas limitan lo que pueden hacer los visitantes.

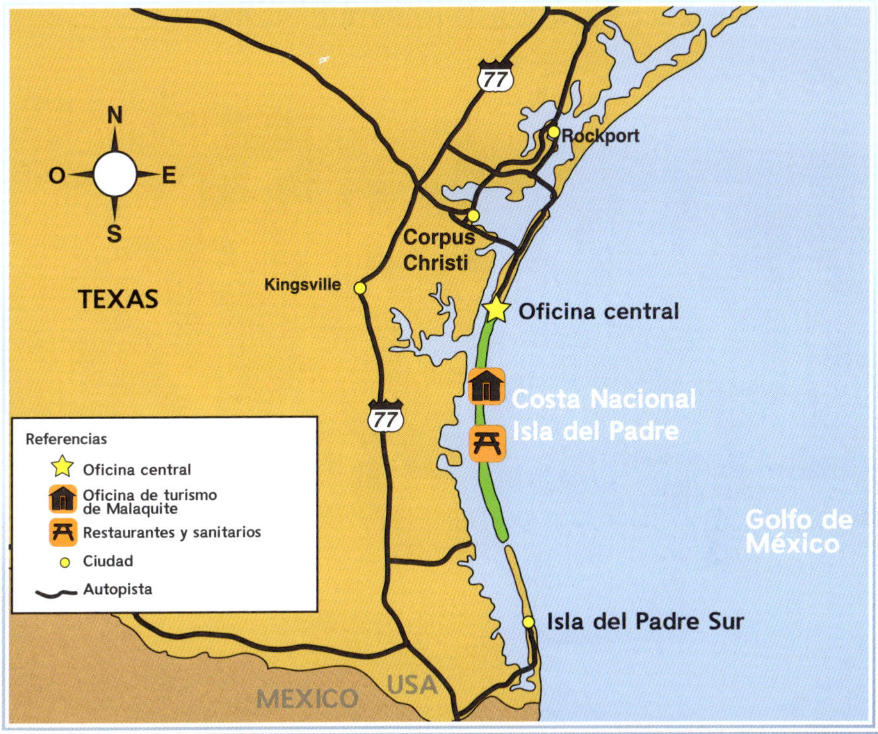

El servicio de Parques Nacionales cuida las áreas silvestres.

Capítulo 1:

Visitas al parque nacional

Las grullas migran a la Isla del Padre en invierno.

Miles de personas viven en la Isla del Padre. Otras miles la visitan cada año. Los visitantes nadan en las cálidas aguas. Leen acerca de la historia de la isla. Buscan pistas sobre cómo se vivía allí hace mucho tiempo.

La pesca es una actividad popular en la Isla del Padre.

Algunas personas alquilan botes para salir a explorar o ir a pescar. Otras acampan en la playa.

Hay muchas **especies** o tipos de aves en el parque. Las personas visitan el parque para verlas. Un número masivo de aves llegan al parque en invierno. Van allí en busca de temperaturas más cálidas.

¿Por qué migran las aves?

Las aves migran, o se desplazan de un lugar a otro en busca de calor, alimento y lugares seguros donde anidar. Muchas especies migran al el sur en invierno. Vuelven al norte en verano.

Las playas y ciudades cerca de la Isla del Padre son cada vez más populares. Los empresarios están abriendo más restaurantes y tiendas. Se están construyendo grandes hoteles. Estas empresas atraen más visitantes al parque.

Detective del lenguaje

¿Con qué sustantivos concuerda el verbo son en la oración subrayada?

Hay reglas para proteger a las plantas y a los animales de las personas que visitan el parque. Algunos piensan que hay demasiadas reglas. Creen que los visitantes son buenos para la isla. Dicen que ayudan porque gastan dinero allí.

La ciudad de Corpus Christi atrae visitantes a la isla.

Pero la actividad humana puede dañar el parque. Los autos y la basura perjudican a los animales. El viento y las olas han tallado colinas de arena o **dunas** en las playas. Los visitantes dañan las dunas.

AHORA COMPRUEBA

¿Cómo pueden los visitantes dañar el parque?

Los guardaparques recogen la basura que contamina la isla.

Capítulo 2:

Daños a la vida silvestre

Las crías de tortugas marinas se arrastran hacia el océano.

En la isla viven muchos animales. Hay coyotes, ciervos, ardillas y liebres.

En la isla también viven las tortugas marinas lora. Pasan la mayor parte de su tiempo en el océano. Las hembras ponen huevos en la playa. Las crías de las tortugas se arrastran hacia el océano cuando nacen.

Estas tortugas marinas están **amenazadas**. Esto significa que pueden desaparecer para siempre. La actividad humana daña a estas tortugas. Los autos y la gente en la playa pueden aplastar los huevos de las tortugas.

El Servicio de Parques Nacionales protege a las tortugas marinas. Los guardaparques buscan nidos de tortugas en la playa. Los trasladan a lugares.

Los guardaparques cuentan los huevos para llevar un registro de la población de tortugas.

Los guardaparques refuerzan la seguridad de las crías de tortuaas.

Algunas aves en la Isla del Padre también están amenazadas. Tienen menos lugares para anidar. La gente y los ruidos fuertes las asustan. Algunas dejan sus nidos y nunca regresan.

¿Qué hace un guardaparque?

El trabajo de un guardaparque es grandioso, ya que protege la naturaleza y educa a los visitantes. Los guardaparques deben aprender sobre los animales y las plantas del lugar. Algunos trabajan en diferentes parques de todo el país para aprender más.

Nidos de aves en la Isla del Padre

Mucha gente quiere reglas para proteger a los animales. No quieren nuevos edificios en la isla. Tampoco quieren que los visitantes vayan a donde anidan los animales.

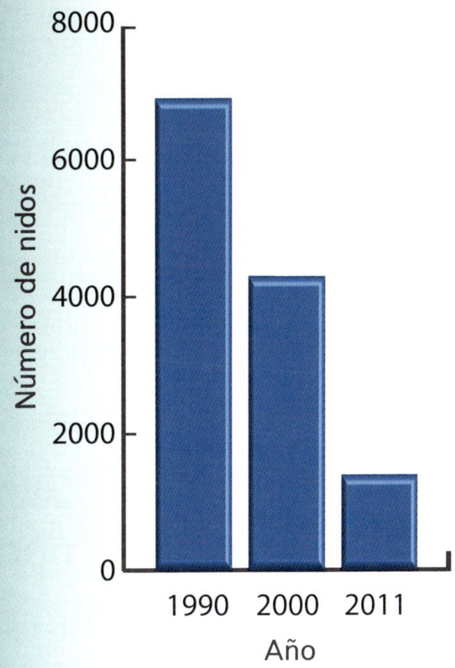

Esta gráfica muestra la disminución en el número de nidos.

AHORA COMPRUEBA

¿Cómo pueden las personas proteger a las aves de la isla?

Capítulo 3:

Búsqueda de soluciones

Las reglas protegen a las aves como estas espátulas.

El Servicio de Parques Nacionales quiere proteger la Isla del Padre. Pero otros quieren disfrutarla sin muchas reglas. La comunidad está trabajando para encontrar una respuesta.

Los visitantes pueden ver a los animales. Pero no pueden alimentarlos. La comida para humanos puede enfermarlos. No se puede transitar cerca de los nidos. <u>Por lo tanto, las tortugas, las aves y otros animales viven en lugares seguros</u>.

Detective del lenguaje	¿Cuál es el sujeto de la oración subrayada? ¿Cuál es el verbo?

Solo se permite el ingreso de autos en algunas áreas.

Los autos deben moverse lentamente en la playa. No se permite conducir donde crecen plantas o anidan animales.

Los visitantes pueden traer comida a la playa. Pero deben limpiar su basura. El Servicio de Parques Nacionales les pide que no dejen rastros de su visita. Deben dejar la playa tal como la encontraron.

AHORA COMPRUEBA

¿Por qué hay reglas para los visitantes?

Conclusión

Los animales en la Costa Nacional Isla del Padre comparten el lugar con los visitantes. La actividad humana puede dañar a los animales. Pero algunas reglas simples pueden protegerlos. Y las personas pueden disfrutar del parque. Este famoso hito sigue siendo un lugar especial.

Respuesta a la lectura

Resumir

Usa detalles para describir la idea principal.

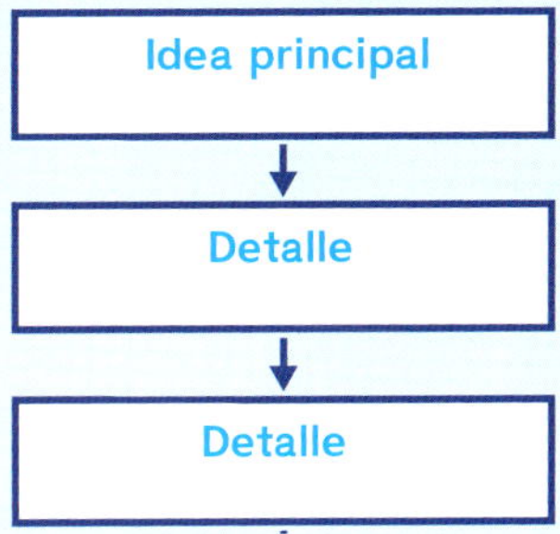

Evidencia en el texto

1. *Preservar un lugar especial* es un texto argumentativo. Indica dos datos que la autora usa para persuadir al lector. GÉNERO

2. ¿Por qué es importante la Costa Nacional Isla del Padre? IDEA PRINCIPAL Y DETALLES

3. Busca la palabra seguros en la página 5. Usa claves de la oración para descubrir su significado. PALABRAS DE SIGNIFICADOS MÚLTIPLES

4. Escribe sobre algunos de los animales de la Isla del Padre. ESCRIBIR SOBRE LA LECTURA

Género **Texto expositivo**

Compara los textos

Lee sobre el monumento más alto de Estados Unidos.

EL ARCO GATEWAY

El Arco Gateway está en St. Louis. Es el monumento más alto de Estados Unidos. Este hito se construyó para rendir homenaje a quienes exploraron y colonizaron el oeste. También rinde homenaje al presidente Thomas Jefferson. Él quería que Estados Unidos se extendiera a lo largo de América del Norte.

Muchas personas empezaron en St. Louis su expedición hacia el oeste.

Un monumento grandioso fue idea de un abogado llamado Luther Ely Smith. Quería que la gente supiera cuánto habían hecho los exploradores y colonizadores por Estados Unidos.

Se realizó una competencia para elegir un diseño para el arco. Un arquitecto llamado Eero Saarinen ganó la comptencia. La construcción comenzó en 1963. El arco se inauguró en 1967.

Los exploradores William Clark (izquierda) y Meriwether Lewis (derecha) iniciaron su expedición hacia el oeste en St. Louis.

El Arco Gateway mide 630 pies de alto. Los visitantes pueden viajar en tranvía hasta la parte superior. El viaje dura cuatro minutos. Desde arriba se puede ver todo St. Louis.

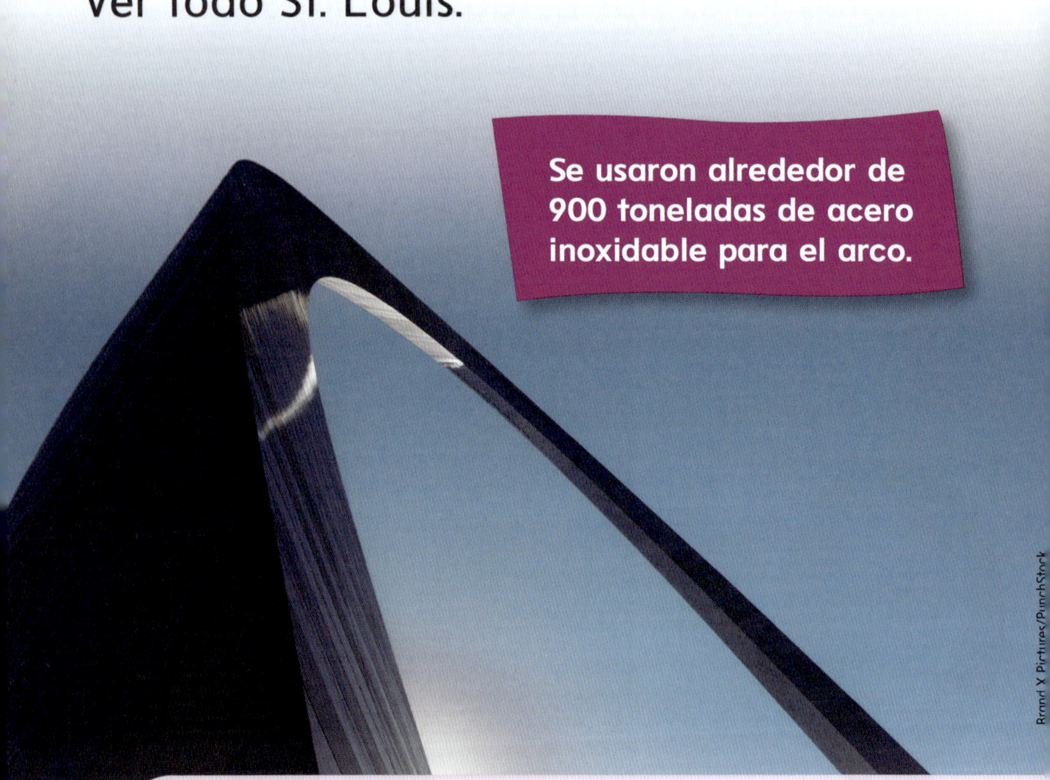

Se usaron alrededor de 900 toneladas de acero inoxidable para el arco.

Haz conexiones

¿Cuál de los monumentos mencionados es tu favorito? ¿Por qué? **Pregunta esencial**

¿En qué se parece el Arco Gateway a otros monumentos sobre los que has leído? **El texto y otros textos**

Glosario

amenazadas en riesgo de extinción ***(página 9)***

dunas pequeñas colinas de arena creadas por el viento y las olas ***(página 7)***

especies especies grupos o categorías de plantas o animales que se parecen y comparten en gran parte el mismo ADN ***(página 5)***

isla barrera una isla paralela a la costa que la protege de las olas y el viento ***(página 2)***

migrar desplazarse de un lugar a otro en determinados momentos del año ***(página 5)***

Índice

aves, *4-5, 10-11, 12*

contaminar, *7*

migrar, *4, 5*

monumento, *2-3, 16-18*

Servicio de Parques Nacionales, *2-3, 9-10, 12-13*

tortuga marina, *8-10, 12*

Enfoque:

Estudios Sociales

Propósito Aprender sobre un hito de tu estado.

Procedimiento

Paso 1 Con un compañero, haz un cartel sobre un hito de su estado. Dibújenlo y hagan un mapa para mostrar dónde se encuentra.

Paso 2 Enumeren cinco datos sobre este hito. Pueden preguntar: ¿Qué tan grande es? ¿Cuándo fue construido? ¿Quién lo construyó? ¿Cuántas personas lo visitan cada año?

Paso 3 Comenten sobre el hito. ¿Por qué es importante para su estado?

Paso 4 Presenten el cartel y la información sobre el hito a la clase.